AF231995

ROLLIN

DISCOURS

PRONONCÉ

A LA DISTRIBUTION DES PRIX

DU

COLLÉGE DE MULHOUSE

LE 10 AOUT 1866

PAR

AUGUSTE KLENCK

Professeur de seconde.

ROLLIN

DISCOURS

PRONONCÉ

A LA DISTRIBUTION DES PRIX

DU

COLLÉGE DE MULHOUSE

LE 10 AOUT 1866

PAR

AUGUSTE KLENCK

Professeur de seconde.

1866

ROLLIN

Messieurs,

Un philosophe du XVIe siècle (1) écrivait : « Il m'est advis que toutes
« fois qu'on parle à cette belle jeunesse, il est plus advantageux de l'or-
« ner de bons et sévères préceptes, que de la chatouiller d'éloges, et, si
« j'avais oncques à exercer nos jouvenceaux dans quelque oraison, je
« leur dirais apertement qu'ils sont bien éloignés des parfaits jeunes gens
« du temps jadis, comme les a dépeints Horatius et Aristoteles. »

En vous citant ces paroles, chers élèves, je ne prétends pas me poser
en apologiste du passé et en critique du temps présent, semblable au
vieillard morose dont parle Horace. Loin de là ; malgré mille peccadilles
que nous avons souvent à vous reprocher, malgré l'apathie que nous
cherchons sans cesse à comprimer en vous, après tout, je le confesse,
vous avez du bon, et notre jeunesse n'est pas tellement dégénérée qu'elle
ne fasse au besoin ses preuves, et qu'elle ne sache tenir noblement son
rang dans la société. Mais, au moment où vous allez recevoir la récompense de vos travaux de l'année, orateur obligé dans cette cérémonie, je
dois encore contenir les élans de votre joie, et suspendre, pour quelques
instants, les douces émotions de vos mères, avides d'entendre vos noms
retentir dans cette enceinte.

Nous avons voulu, cette année, vous montrer ce que peut une volonté
persévérante et un travail soutenu ; jusqu'à quel point les dons de l'esprit s'accroissaient et fructifiaient autrefois par les vertus, et quelle
puissance l'amour du bien ajoute au talent. Pour cela, nous appellerons
quelques moments votre attention sur la vie, sur les écrits, sur la voca-
tion unique et touchante de Rollin, sur le souvenir « de ce maître si cor-
« dialement ami de la jeunesse, si vertueux par bonté de nature et par
« goût des lettres, qui fut le *véritable Saint de l'Enseignement* (selon l'heu-
« reuse expression de M. Villemain), et qui, mieux que personne, a con-
« sacré l'alliance des bonnes études et des bonnes mœurs, des belles
« lettres et des beaux sentiments (2). » Nous ne pourrions vous présenter
un exemple plus frappant de cette différence entre vos prédécesseurs et

---

(1) Charron, la Sagesse. — (2 M. Villemain, Tableau de la Littérature au 18e siècle.

vous, et de ces fortes et fructueuses études qui ont formé tant de grands hommes dans les deux derniers siècles.

Charles Rollin naquit à Paris le 30 Janvier 1661 ; second fils d'un pauvre coutelier, il fut destiné, comme son frère aîné, à suivre la profession paternelle, et, probablement, il n'eût jamais, comme il le dit lui-même dans une épigramme latine, « quitté l'antre des Cyclopes pour le Parnasse (1), » sans une circonstance toute providentielle. Un bon bénédictin des Blancs-Manteaux, dont il servait quelquefois la messe, enchanté de sa bonne mine, et remarquant dans les réponses du jeune Rollin, qu'il se plaisait à questionner, d'heureuses dispositions et un ardent désir de s'instruire, conseilla à sa mère de le faire étudier. Mais Mᵐᵉ Rollin venait de perdre son mari, et restait sans fortune ; ses deux fils devaient donc continuer le commerce de leur père, pour la soutenir ; d'ailleurs, ils avaient déjà tous deux leurs lettres de maîtrise. Le bon religieux insista, et, pour lever tous les scrupules de la pauvre mère, fit tant, par ses actives démarches, qu'il obtint pour Charles une bourse au Collége des Dix-huit, dont les élèves suivaient les cours publics du Collége du Plessis.

Jamais enfant ne répondit plus pleinement aux espérances qu'on avait fondées sur lui. Il ne fut jamais, comme le sont trop souvent les enfants de son âge, léger, distrait, plus disposé au jeu qu'à l'étude, quelquefois même poussant l'espièglerie jusqu'à la méchanceté. Modeste dans son langage (qualité bien rare, même chez les bons écoliers) ; tellement ami de la vérité, que jamais personne ne le surprit mentant, même pour plaisanter ; tellement appliqué au travail qu'il refusait de prendre part aux jeux de ses condisciples, et même de jouir du petit nombre de jours de fête, alors distribués avec plus de parcimonie qu'aujourd'hui ; plein d'une sincère religion, d'un amour inaltérable pour sa mère, d'un respect constant pour ses maîtres, d'une réserve et d'une politesse extrêmes envers tout le monde, tel était Charles Rollin. Il s'était mis au travail avec toute l'ardeur de son âge, et le bruit de ses modestes succès retentit bientôt hors du collége. Les familles de ses camarades le signalaient à leurs enfants comme un modèle : curieux de connaître l'heureux vainqueur du Collége du Plessis, d'illustres personnages venaient eux-mêmes le féliciter, lui demandant, comme une faveur, de vouloir bien partager les plaisirs de leurs fils pendant les vacances. Que de fois la bonne mère du jeune Rollin vit avec orgueil le carrosse armorié du ministre Le Pelletier, successeur du grand Colbert dans les Conseils du Roi, s'arrêter de-

---

(2) Translatum Ætneis me Pinxi in culmina ab antris (Epigr. à N. Bosquillon).

vant son humble demeure ! Un jour elle remarqua que son fils, en montant en voiture, prenait sans hésiter la première place, et elle commençait déjà à l'en réprimander sévèrement, lorsque le précepteur lui représenta que M. Le Pelletier avait réglé qu'on se rangerait toujours dans le carrosse suivant l'ordre de la classe. Sa mère alors, le voyant partir dans un tel apparat, le regardait, du seuil de sa pauvre boutique, avec un sourire mêlé de larmes : au milieu des douleurs de son veuvage, elle se consolait par les espérances que lui faisait concevoir un tel fils.

Et cependant le jeune Rollin n'éprouva jamais le moindre sentiment d'orgueil ou d'ambition; plus il acquérait de science, plus il était modeste. Quand il termina ses études, appuyé par tant de succès et par de si hautes amitiés, il n'eut d'autre désir que celui de passer par tous les grades du professorat, dans ce collège même où il avait fait ses études, persuadé qu'il serait amplement récompensé, s'il pouvait un jour passer des bancs de l'écolier à la chaire du maître; s'il lui etait donné de témoigner par ses services une vive et sincère reconnaissance pour l'Université, cette excellente mère, à laquelle, dit-il lui-même, il avouait tout devoir après Dieu ! (1)

Aussi, avec quelle joie le maître de Rollin, le vénérable Hersan, quand il fut chargé de l'éducation du jeune fils du ministre Louvois, saisit-il l'occasion de manifester son affection pour son disciple préféré, l'*élève divin,* comme il l'appelait, en le désignant comme son successeur dans la chaire de rhétorique au Collège du Plessis ? Rollin n'avait alors que 22 ans; à peine était-il plus âgé que la plupart de ses élèves, et déjà l'Université, ratifiant ce choix, le jugeait digne de succéder à un maître si consommé. Cependant, toujours modeste, le jeune professeur ne consentit à remplir ces fonctions, qu'après avoir occupé pendant quatre années (1683 — 1687), la chaire de seconde, comme l'avait fait Hersan lui-même. Une année plus tard (1688), Hersan, avec l'agrément du Roi, se démit de sa chaire d'Eloquence au Collège Royal, en faveur de Rollin, qui l'occupa avec le plus grand succès pendant 48 ans. Aussi Rollin exprime-t-il sa gratitude et son affection pour ce maître chéri, toutes les fois que l'occasion s'en présente, et avec toute l'effusion d'un cœur véritablement reconnaissant.

Ce fut donc à la fleur de son âge que Rollin se consacra à l'instruction de la jeunesse. Et pourtant, quelle maturité d'observation, quelle finesse de discernement on peut déjà signaler dans la manière dont il

---

(3) Discours au Recteur de l'Université.

savait remplir les fonctions si difficiles de l'Enseignement public ! Déjà
il s'étudiait avec ardeur à former, non seulement l'esprit et l'intelligence,
mais encore et surtout le cœur de ses disciples, qui tous le chérissaient,

Et quoiqu'en robe, on l'écoutait (1).

Il veillait à ce que l'émulation, excitée par de trop vifs aiguillons, ne
dégénérât jamais en envie : aussi s'occupait-il de tous avec un zèle égal,
pour ralentir un peu, sans toutefois l'empêcher, la croissance exclusive
de quelque esprit supérieur, qui aurait absorbé pour lui seul la nourri-
ture destinée à tous. Il se comparait en riant à « Jacob, qui, en condui-
« sant ses troupeaux, ne hâtait jamais la marche des brebis, pour que
« les agneaux pussent les suivre sans fatigue et sans danger. » Déjà il
commençait à mettre en pratique ces beaux préceptes, qu'il consigna
plus tard dans son immortel ouvrage ; mêlant les sages leçons de l'antiquité avec la morale du christianisme, montrant lui-même, dans son
enseignement et dans sa conduite privée, les germes de ces vertus, qu'il
devait bientôt déployer à la tête de l'Université et dans ses œuvres.

Après avoir professé, pendant dix années de suite, au Collège du
Plessis, il le quitta (1693), pour se livrer exclusivement à l'étude de l'his-
toire, ne retenant de ses fonctions que la chaire d'Eloquence au Collège
Royal.

Mais l'année suivante (1694), l'Université de Paris, à qui cette retraite
prématurée laissait un si grand vide, le rappela dans son sein, en lui con-
fiant, comme une preuve bien éclatante du respect public, sa plus haute
dignité, celle de Recteur, qui, par une faveur tout exceptionnelle, lui fut
continuée deux années de suite. Rollin sut se montrer digne d'une dis-
tinction si honorable pour sa jeunesse (il avait alors 34 ans), en s'atta-
chant à défendre vigoureusement les prérogatives de l'Université. Dans
plus d'une circonstance, il sut maintenir avec chaleur, par ses discours
et par ses actes, les préséances et les priviléges du Corps qu'il avait à
représenter. C'est ainsi qu'à la soutenance d'une thèse publique de droit,
il ne souffrit jamais que l'archevêque de Sens, Fortin de la Hoguette,
prît le pas sur lui (2).

A l'intérieur, il chercha, par tous les moyens, à relever l'Enseignement public, pour en faire ressortir tous les avantages. Il maintint la
discipline, rétablit les coutumes anciennes et fit quelques sages ré-
formes. Il donna plus d'importance à l'étude de la langue française, trop
négligée jusqu'alors dans les colléges, et introduisit l'usage, qui a sub-
sisté, de faire réciter nos principaux chefs-d'œuvre d'éloquence et de
poésie. Il ranima l'étude du grec, dont le goût s'affaiblissait depuis

(1) Voltaire, Temple du Goût. — (2) Amelot de la Houssaye.

longtemps. D'un autre côté, il lutta, autant qu'il put, contre l'usage des représentations tragiques qui terminaient les travaux de l'année dans les colléges. Pour stimuler l'ardeur des maîtres et des disciples, il allait en personne inspecter les classes à certains jours, recommandant spécialement d'entretenir l'amour de la Religion, par une lecture des livres aints dont il fit lui-même un Abrégé et qui devait en quelque sortes protéger le début de chaque exercice. S'il surgissait quelque discussion entre les professeurs de l'Académie, il les réunissait à sa table, et, par sa douceur et sa bienveillance, par son habileté et sa connaissance du caractère humain, il les renvoyait réconciliés, si bien que parfois ils feignaient un différend, pour être plus souvent appelés à jouir des entretiens de l'excellent Recteur. Rollin, en un mot, sut maintenir l'Université au rang qu'elle avait si longtemps occupé, et qui, encore aujourd'hui, fait sa gloire; et nous pouvons, grâce à lui, répéter avec orgueil ces paroles qu'un éminent publiciste prononçait un jour à l'Académie française : « Remontez à l'origine de toutes les choses sérieuses dont peut « justement s'enorgueillir notre époque : c'est à l'Enseignement public « qu'en revient l'honneur ! » (1).

Rollin venait à peine de terminer ses deux années de Rectorat (1696), que le cardinal de Noailles le pria de surveiller les études de ses neveux, et il s'acquittait de ce soin avec son zèle et son attention accoutumés, lorsque M. Vittement, devant quitter, pour l'éducation des Enfants de France, la place de Coadjuteur à la principalité du Collége de Beauvais, désira vivement d'avoir un tel successeur; il l'obtint du Parlement, auquel appartenait l'administration immédiate de ce Collége (1699). Après de longues hésitations, Rollin accepta ce nouveau poste, et bientôt le collége, presque désert auparavant, se peupla de nouveaux écoliers, par suite de la confiance qu'inspirait le nom seul de son vertueux Principal. Il y eut tel père qui fit au Principal une sorte de violence pour qu'il acceptât son fils. « Je suis venu, disait un père à Rollin, pour vous ame- « ner mon fils; vous le mettrez dans la cour, à la cave, si vous voulez; « mais il sera dans votre collége, et, de ce moment-là, je n'en aurai « aucune inquiétude. » Et Rollin, ne pouvant résister à de pareilles instances, établit l'enfant dans son propre cabinet, jusqu'à ce qu'il pût lui donner une place avec les autres écoliers. C'est que son premier soin avait été de s'entourer d'habiles et savants professeurs, parmi lesquels nous citerons Crévier, comme lui, fils de pauvres artisans et qui devait continuer ses ouvrages historiques; Mésanguy, auteur d'excellents ou-

---

(1) M. de Sacy, Discours de réception à l'Académie française, le 28 Juin 1855.

vrages de religion et de controverse, et de beaux Extraits de l'ancien Testament, une des meilleures études que l'on puisse recommander à la jeunesse, et enfin Heuzet, le modeste auteur d'un livre excellent qui a conservé sa place dans les bibliothèques de nos colléges, le *Selectæ e profanis scriptoribus Historiæ.* Est-il besoin de dire que Rollin sut accomplir des devoirs si variés et si difficiles avec un succès incontestable ? Tous ses moments, toutes ses actions, toutes ses pensées appartenaient à ses élèves ; leurs exercices étaient les évènements de sa vie ; leurs fêtes étaient aussi les siennes. Il n'en est pas sans doute de plus grandes pour un collége, que celles qui terminent les travaux de l'année classique, lorsque tous les succès sont proclamés en présence des maîtres, des parents, des premiers magistrals de la ville. Rollin croyait avec raison que l'on ne pouvait laisser une impression trop vive de ces jours témoins de tant de victoires, de regrets amers et de bonnes résolutions pour l'avenir. Partout et toujours, nous le retrouvons comme un bon père de famille au milieu de ses enfants.

Et qui pourrait croire qu'après des services si éminents rendus à l'Université et au pays, après une carrière déjà si pleine de bonnes œuvres, la plus noire ingratitude et la calomnie la plus injuste soient venues s'attaquer à celui-là même qui prêtait le moins, par son caractère, ses actes et ses discours, à une pareille aggression !

Tout le monde sait comment, après avoir, pendant 13 années, dirigé le Collége de Beauvais, Rollin fut subitement enlevé à l'affection des maîtres et des élèves. L'amitié fidèle et généreuse qu'il avait conservée pour quelques membres de Port-Royal, dispersés par l'exil, plusieurs écrits, où il défendait avec simplicité la doctrine qu'il croyait être celle de la vérité, le firent accuser de Jansénisme, et il reçut l'ordre de quitter la direction du Collége (1712). Il résigna ses fonctions, avec autant de modestie qu'il avait mis de réserve à les accepter, et, le 6 Juin 1712, il quitta cette demeure, au milieu des larmes et de la désolation générales. Il se retira dans une habitation voisine de cet établissement, où, comme il le dit lui-même dans l'inscription latine qu'il fit graver sur la porte intérieure, il pût « jouir de lui-même et de Dieu. »

Mais c'est en vain qu'une sévérité exagérée l'avait éloigné de l'éducation de la jeunesse : ne pouvant plus la diriger de près, il écrivit, pour la guider de loin ; et la manière dont il employa les loisirs forcés qu'on lui avait faits, trompa les espérances de ses persécuteurs, et a été véritablement la source de sa gloire. C'est dans cette tranquille retraite, « auprès de son berceau de verdure, de son petit espalier, couvert de cinq abricotiers et de dix pêchers, » que Rollin vécut pour Dieu et pour l'étude. Pour payer sa bienvenue à l'Académie des Inscriptions et Belles-Lettres, qui l'avait depuis peu d'années admis dans son sein, sans qu'il eût fait aucune démarche, il publia d'abord, en 1715, une édition classique abrégée de Quintilien, l'un de ses auteurs favoris, qu'il expliquait au Collége Royal.

Mais il fut de nouveau distrait de ses études par les marques d'estime qu'on tenait à lui accorder. L'Université, voulant lui prouver qu'elle savait, malgré sa disgrâce, apprécier son mérite et ses vertus, le nomma Procureur de la Nation de France, et, le jour même de l'ouverture de l'Assemblée où il fut élu (1717), il fut chargé de remercier le jeune roi Louis XV, ou plutôt le Conseil de Régence, qui venait d'accorder à la ville de Paris l'instruction gratuite, en assurant un revenu fixe et honnête à chaque professeur de l'Université. Le talent de Rollin ne fut pas au-dessous du sujet, et ce discours nous intéresse d'autant plus, que l'orateur, naturellement conduit à exposer le plan et le but de l'Université, y esquisse les principes qu'il commença à développer dans un ouvrage spécial, sur les instances de l'Université elle-même.

En 1720, l'Université l'appelait, pour la troisième fois, à sa tête comme Recteur, et ce fut en acceptant ce titre, que Rollin prit l'engagement solennel de réunir dans une œuvre complète les préceptes anciens et modernes sur l'Education, corroborés par ses propres observations et les résultats de son expérience.

Ce fut en effet de 1726 à 1728 qu'il publia cet ouvrage immortel, le *Traité des Etudes*, le plus parfait de tous les livres d'éducation, même de nos jours; et, comme le dit M. Villemain (1), « l'un des livres les mieux écrits de notre langue, après les livres de génie. » Nulle part l'éducation par les lettres, la seule éducation complète de l'homme moral, n'a été rendue plus facile et plus aimable. « Je n'hésite pas à le dire, ajoute « M. Villemain (2), avec le *Traité des Etudes*, bien compris et heureuse- « ment appliqué, le professeur formera dans son élève un cœur droit et « pur, un jugement ferme et sain, une imagination ornée et animée par « les plus naïves impressions du beau. C'est que Rollin, dans ce livre, « renversait l'échafaudage des anciennes rhétoriques et tout cet artifice « de procédés oratoires que le génie grec lui-même avait trop réduit en « système, et qui était devenu la plus fausse et la plus puérile des « sciences. Aux règles arbitraires, il substituait l'intelligence et la vive « admiration des grands modèles; il ramenait l'art au bon sens et aux « expériences du génie. »

Le premier soin de Rollin, sa première préoccupation sont en effet de former, non des rhéteurs, des hommes habiles dans l'art de la parole, mais des hommes honnêtes, auxquels il veut, par des exemples choisis dans l'antiquité, inspirer le goût et le sentiment du vrai et du beau. Ce livre, dans lequel vit et respire encore la mémoire des doctrines de Port-Royal, embrasse l'homme tout entier, corps et âme; il le suit dans la vie céleste, aussi bien que sur la terre. Il exalte surtout cette alliance nouvelle et admirable de la religion chrétienne et des études antiques, où Racine et Corneille, Bossuet et Fénelon ont puisé leur force et leur beauté. Rollin ne pense pas que le Christ, en apportant « la parole de paix et de vérité, » ait brisé tout pacte d'alliance entre les âges anciens et les âges nouveaux, et que l'on doive dédaigner les richesses que l'esprit humain a accumulées dans l'antiquité. Puisons au contraire des forces sans cesse renouvelées à l'une et à l'autre source, pour parvenir à notre fin, et pour gravir, comme le dit Saint-Augustin, « le sommet de la montagne, au haut de laquelle la Providence appelle le genre humain. » Lisez donc, chers élèves, lisez ce livre immortel, que le grand siècle nous a transmis en héritage, nous dévoilant ainsi, en quelque sorte, le secret de sa grandeur. Là, vous trouverez les méthodes, les études qui ont produit tant de grands esprits ; c'est, pour ainsi dire, le dépôt de toutes les traditions qui ont fait fleurir la Littérature française.

Ce qu'il y a de plus glorieux pour Rollin, c'est qu'il s'est peint lui-même, sans le vouloir, dans le tableau qu'il a tracé d'un excellent Principal, d'un zélé et judicieux professeur, dans ce *Complément du Traité des Etudes,* où il expose ses idées sur le gouvernement des Colléges, la discipline des classes, les devoirs des maîtres, des parents et des disciples. Il y montre comment le jeune homme, destiné à trouver un jour dans la Société le démenti constant des systèmes d'indépendance, doit s'accoutumer, dès le collége, au joug de l'autorité, qui est le bien de la discipline, la voie de l'instruction, «l'abrégé de la science(1).» Mais cette autorité elle-même, ajoute Rollin, repose sur un sentiment qui l'ennoblit et la consacre, l'amour, cette première force de l'autorité juste, et qui en est toujours le fruit et la récompense. C'est en effet dans cette partie de son œuvre, que Rollin a montré toute la bonté de son âme. En lisant ces aimables sollicitudes, ces tendres condescendances, ces ruses d'affection et de bonté, on croit entendre un père qui recommande les intérêts de sa propre famille.

Le succès du *Traité des Etudes* encouragea Rollin à écrire l'*Histoire*

---

(1) Auctoritas compendium scientiæ (St.-Augustin).

ancienne. Il avait alors 67 ans : il se mit à l'œuvre avec toute la diligence d'un homme qui n'a pas de temps à perdre, et, comme il le dit lui-même, « avec toute l'ardeur d'un ouvrier qui attend sa subsistance du travail de sa journée. » De 1730 à 1738, onze volumes se succédèrent rapidement, et furent accueillis par la faveur publique.

Bien que les Histoires de Rollin soient quelque peu éclipsées par l'art exquis et la critique érudite des oeuvres modernes, elles méritent cependant de ne pas être dédaignées par la jeunesse, parce qu'aucun livre n'est plus en harmonie avec cet âge. Rollin a, à dessein, mais peut-être un peu trop affaibli les forces vives de l'histoire, pour pénétrer plus facilement dans l'esprit des jeunes gens Il est un peu trop crédule, mais Hérodote, le père de l'histoire, l'était aussi ; il est trop bienveillant : c'est qu'il est chrétien, et il cherche plutôt à faire briller les vertus des grands hommes, qu'à attirer l'attention sur les vices des méchants ; il s'applique à éveiller dans les jeunes âmes plutôt l'admiration que le mépris. D'ailleurs quelle élocution pure, simple et facile ! Là, point de fard ; jamais de figures inutiles, ni de traits d'esprit ; jamais de ces ornements ambitieux qu'Horace proscrit sans pitié (1) ; mais un style toujours égal, entremêlé d'excellentes pensées, empruntées aux écrivains anciens et modernes, qu'il sait s'approprier avec tant d'art qu'il semble exprimer à son profit tout le suc des fleurs étrangères. C'est bien l'*Abeille de la France,* comme l'appelle Montesquieu.

« Rollin, dit M. de Châteaubriand (2), est le *Fénelon de l'histoire.* Le « christianisme, attendrissant sa plume, lui a donné quelque chose qui « remue les entrailles. Ses écrits décèlent « cet homme de bien dont le « cœur est une fête continuelle, » selon l'expression merveilleuse de « l'Ecriture (3). Nous ne connaissons pas d'ouvrages qui reposent plus « doucement l'âme. Rollin a répandu sur les crimes des hommes le « calme d'une conscience sans reproche et l'onctueuse charité d'un « apôtre de Jésus-Christ. »

Il advint pourtant, qui le croirait ? que ce même homme, attaché si sincèrement au culte de l'antiquité classique, fut un jour accusé de préparer une révolution dans les études et de trahir l'Université. L'envie, qui l'avait déjà éloigné de la direction du Collége de Beauvais, qui lui avait fait fermer les portes de l'Académie française, et qui devait, peu de temps avant sa mort, violer l'asile même de sa vieillesse, venait encore s'attaquer à lui et trouvait un interprète dans un des professeurs du Collége Mazarin, Gibert, que Rollin lui-même secourut plus tard dans

____

(1) Ambitiosa recidet ornamenta (Hor.) — (2) Génie du christianisme. — (3) Eccles. XXX, 27.

l'exil, comme autrefois Démosthène secourait Eschine. Et pourquoi ces attaques? C'est que Rollin avait parfaitement aperçu le côté faible de l'Université, et l'avait hautement proclamé, persuadé qu'en présence de la maladie, il vaut mieux l'avouer que la cacher. Rollin, qui, à l'âge de 60 ans, n'avait pas encore écrit en français, recommanda le premier, comme nous l'avons déjà signalé, l'étude plus complète de la langue française; il osait proclamer que, parmi nos écrivains, il s'en trouvait beaucoup d'égaux aux anciens; il recommandait de lire Corneille et Racine, en même temps qu'Eschyle et Sophocle, Bossuet avec Démosthène et Cicéron, Boileau avec Horace, pour que nos jeunes gens ne parussent plus des étrangers au milieu des chefs-d'œuvre de leur patrie.

On faisait encore peser sur Rollin une autre accusation plus grave aux yeux de ses ennemis. Le temps n'était plus où les études scientifiques restaient cachées et comme étouffées sous l'éclat des études littéraires. Descartes en France, Newton en Angleterre, en Allemagne Leibniz, avaient ouvert un vaste champ aux sciences; déjà apparaissaient le modeste Linnée, et Buffon « dont le génie devait égaler la majesté de la nature. » Déjà grandissait une Société célèbre, si féconde en savants, qui, sous Louis XV, propagèrent les sciences et étendirent si loin leur empire. Dans sa prévoyance de l'avenir, elle dirigeait habilement les jeunes disciples de ses colléges vers ces nouvelles études. L'Université, au contraire, comme perdue et égarée par l'austérité de ses études, restait stationnaire, au milieu du progrès de ses rivaux. Rollin la réveilla de ce sommeil funeste, et réclama vivement pour les sciences droit de cité dans les colléges, sans, pour cela, comme l'insinuait calomnieusement Gibert, trahir les intérêts de la Littérature. « Je veux, écrivait « Rollin, comme s'il eût pressenti les décrets qu'a depuis promulgués « l'Université, je veux que nos élèves apprennent tout ce qui a rapport « aux plantes, aux métaux, aux astres, à la nature entière. Qu'ils lais- « sent quelquefois les orateurs et les poètes; qu'ils pénètrent dans l'ate- « lier de l'artisan, qu'ils considèrent de plus près les machines de l'in- « dustrie, les navires de notre marine, les procédés de la typographie, « les artifices du tissage, qu'ils apprennent la grandeur de l'homme, et, « par elle, la grandeur de Dieu ! »

On a sagement et justement répondu au vœu de Rollin. Notre époque, plus que toute autre, s'est illustrée par les progrès des sciences. Voyez les produits merveilleux de l'industrie se réunir de toutes les parties du monde dans les palais de nos Expositions; étudiez ce labeur incessant de la nuit et du jour sur la terre entière, ces prodigieuses inventions, qui augmentent chaque jour la puissance de l'homme ! Pendant que de toutes parts bouillonne ce travail immense, qui oserait s'endormir, loin de cette activité scientifique, uniquement occupé à aligner des vers, à arrondir des périodes ? Il n'est pas étonnant que les sciences soient venues réclamer une plus grande place dans les études de la jeunesse. Les lettres ont accueilli leurs sœurs avec bienveillance ; elles se sont unies pour ajouter à la rectitude du jugement, que la jeunesse puise dans l'étude sage et raisonnée des sciences, cette politesse d'esprit, sans laquelle on peut être savant, mais sans laquelle on n'est point homme. Ne nous effrayons donc pas d'une terreur puérile, nous qui nous sommes adonnés plus spécialement à la culture des Lettres, de l'Histoire ou de la Philosophie ! Ne pleurons pas sur le tombeau des Muses : les Muses sont immortelles !

C'est ce que comprenait parfaitement Rollin ; aussi, fort de sa conscience, il poursuivait sa carrière et continuait ses travaux favoris. Il préparait encore une *Histoire romaine,* dont les cinq premiers volumes parurent avant sa mort, et qui fut continuée par Crévier, son disciple et son ami. C'est au sujet de cette dernière œuvre que le grand Frédéric lui écrivait : « Vous nous ferez croire tout ce que l'antiquité a feint du « chant harmonieux des cygnes avant leur mort. »

Mais, au milieu de tant d'études, Rollin ne s'apercevait pas que la vieillesse avait blanchi ses cheveux. Ce fut en veillant, même de l'exil, sur les intérêts de sa chère Université et de l'Enseignement public, en écrivant à ses amis (et ils étaient nombreux et illustres), au poète Rousseau, à Frédéric II et à d'autres, des lettres pleines de candeur et d'ingénuité, en vivant à la campagne avec l'abbé d'Asfeld, en y cultivant son petit jardin, en causant avec ses abeilles, et, ce qui lui était surtout agréable, en répandant, pauvre lui-même, ses bienfaits sur les pauvres, que Rollin parvint doucement jusqu'à sa dernière heure.

Enfin la mort arriva, mais douce et comme une amie ; pour lui aussi ce fut « le soir d'un beau jour. » Comme Socrate dans sa prison, il s'entretint familièrement avec ses amis, qui entouraient son lit de mort. « Ne pleurez pas, leur disait Rollin, en embrassant l'image du Sauveur et en levant les yeux vers le ciel, c'est aujourd'hui un jour de fête ! » Et le Socrate chrétien, le Saint de l'Université, exhala son dernier soupir, au milieu d'une prière inachevée.

Toute l'Université assista à ses funérailles, accablée de douleur, mais muette : la tristesse était d'autant plus grande, que l'on avait interdit de faire l'éloge public de Rollin, victime de l'envie, même après sa mort.

Aujourd'hui nous avons le droit de parler de lui ; des voix plus éloquentes que la nôtre se sont fait entendre, pour rendre une justice tardive au vertueux Recteur, devenu le Patron de notre nouvelle Université. Mais le plus bel éloge que l'on puisse faire des grands hommes, c'est comme le dit Tacite, « de suivre leurs conseils, c'est d'imiter leurs vertus(1).» Puisons donc surtout, dans la contemplation de la vie de Rollin, ce grand enseignement de la nécessité absolue du Travail, qu'il nous a transmis par ses actes, ses discours et ses ouvrages.

Oui, chers élèves, si, parmi vous, il est un jeune homme qui se soit élevé peu à peu au-dessus de ses condisciples par la seule puissance du travail, n'ayant d'autre appui que sa bonne conscience et l'estime de ses maîtres, d'autre fortune que les couronnes qu'il va recevoir, que ce jeune homme ne perde pas courage, à l'entrée des voies diverses de la vie, hérissées de tant d'obstacles, assiégées par tant de rivaux ; qu'il se rassure et qu'il espère ; je ne crains pas de lui répondre de l'avenir, à cette seule condition qu'il persévère dans l'ardeur généreuse et dans les laborieuses habitudes que nous venons honorer aujourd'hui.

Sachez-le bien, chacun de vous est le maître de sa destinée. Le collége n'est-il pas l'image anticipée de la vie ? Au collége, comme dans la société, qui bientôt va recevoir plusieurs d'entre vous, ce n'est pas la faveur du sort, ce n'est pas même le caprice du talent, c'est la constance, ce sont les longs efforts, qui assurent les succès durables, et cette fête du travail est une vraie initiation de la jeunesse française à l'esprit de notre temps.

. Retenez donc bien l'enseignement que doit vous laisser cette journée, qui fait, au même moment, palpiter tant de jeunes cœurs dans les Ecoles de la France entière, n'oubliez jamais que c'est la forte discipline de l'âme, l'énergie persévérante qui forment les grands caractères et assurent la grandeur des nations.

AUGUSTE KLENCK.

---

(9) Discours de Germanicus mourant (Ann. II).

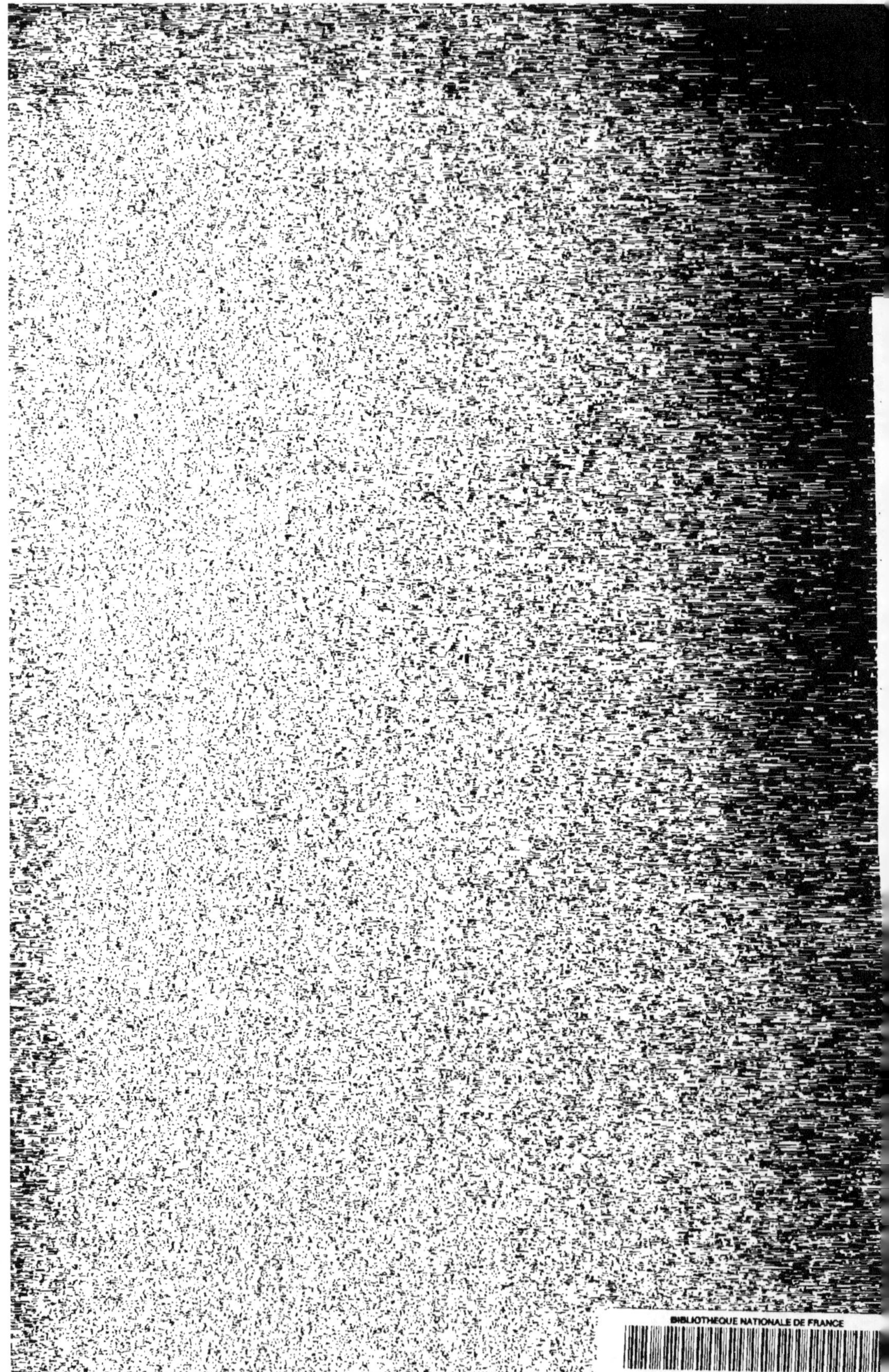